doris runge
was da auftaucht

doris runge
was da auftaucht
gedichte

Deutsche Verlags-Anstalt

die strafversetzten mönche

1 die fratres

abgespeckt
wenn das läuterung ist

nur noch schatten
selbst der koch
gebeugt
über letzten fragen
wo sind die karpfen

der teichmönch murmelt
ja wo

das heilige blut
das heiltätige wasser
die knöchelchen wo
das ewige suchen

der teichmönch murmelt
das orakel schweigt
ewig das suchen

nur der kleine
mit dem federkiel
jetzt wieder flügel
flötet befreit
keine spur
keine spur
kein gedächtnis

2 der bruder sagt

von zeit zu zeit
passiere er geheime gänge
und unser treffen sei
keine sünde wenngleich
er alt und ich
gemessen an seiner zeit
jung er unerlöst
mich zu erlösen
noch hoffnung bestünde
er könne einspringen
mit mitternachtshoren
kreuzgänge abschreiten
bei vollmond hand in hand
keine rückschlüsse keine rückzüge
er habe noch nie um meinesgleichen
betteln müssen so einer sei er nicht
sein gewicht von dem jetzt nicht
mehr die rede sein kann habe nie
dem anderen geschlecht bei
gelegen sei ihm einzig an buße
und das sei
nicht persönlich gemeint

3 war er nicht fromm

demütig keusch
ein einfacher bruder
unterwarf sich den regeln
faltete die hände
zum stundengebet
pflegte und hegte
das kräutergärtlein
überließ keinem gott
die gottlose natur
beschnitt wilde triebe
war das schon hoffart
oder verbarg er
unter frauenmantel
hexenkräuter
geheime mixturen
band teufelswurz
und engelsmilch
sieben neun
auch dreizehn
zu einem bund
verspielte er
mit magischen zahlen
das himmelreich
und höre ich ihn jetzt
dicht unter dem rasen
ist das seine hölle
schaufeln und graben
maulwurfsblind

4 öffentlich sogar

nach dem
komplet
redet er sich
um kopf und seele
verkauft seine
wunderschrift
fasten speisen
der weg zum
ewigen leben
vierundzwanzig
rezepte
selbstgesammelt
und entschleimt
schnecken
provenzalisch
in wein
in braunem bier
polnisch
an kräuterbutter
gesotten gedünstet
überbacken
als rohkost
er ist kult
in kutte
und sauber
rasierter
tonsur

5 stimme

mein traum
war das nicht
in deinem
zu enden
oder nicht
zu viel theater
zu viel lärm
dein herz
rast
in jeder kammer
flimmern
irrlichter und
der greif

wer räuchert ihn aus
wer geht in die wand
wer traut sich
an diesen
unwirtlichen ort

6 vermittlung

ich fütterte
feder und borstenvieh
lesen und schreiben
lernte ich nie
mailen chatten simsen
für meinesgleichen
häresie

keine schulbildung

nur herz gemüt und
übungen in demut

das ist nicht gefragt

ich habe ein
unbestechliches
ohr und eine
schöne singstimme
ein gottesgeschenk
ich hoffe
auf einen platz
im himmlischen chor

kaum zu vermitteln

ich spreche
mit vögeln
und in trance
mit fremder zunge
sogar turkisch
zur verwunderung
meiner gebildeten brüder
auch latein und einen
ausgestorbenen
mongolischen dialekt

das macht die suche
nicht leichter

für den übergang

nur den brauche ich

bietet der zweck
verband und
die müllabfuhr

da kann ich nur hoffen
auf ihre über
geordnete institution
ich übe mich
in geduld

ich warte
seit jahrhunderten
unter der aschewolke
und bete dass man
den flugverkehr
wieder aufnimmt

für jutta

7 ohne zweifel

ist die ewigkeit
sein ziel
und prüfung nur
die warte
schlange
vor dem paradies
spricht
was wäre wenn
es nicht
vor dir läge
das himmlische
dein irdisches
war
dein einsatz
für die ewigkeit
die zeit
mit mir

8 der bibliothekar

sie haben ihn
einfach vergessen
diese dänischen
barbaren
auf ihrem raubzug
verschleppten sie
den klosterschatz
die kostbaren
folianten
das gedächtnis
auf zweiundfünfzig
pferdewagen
nach kopenhagen
sie haben ihm alles
genommen auch
die zensierten
mit lust studierten
verbotenen
schriften
heimlich bei
kerzenlicht
aufgeblättert mit
sündigem geist

jetzt studiert er brav
himmelskunde
die vogelfluglinie
nach norden
und wie man
aufspringt
zur rechten zeit

wintergäste

wintergäste

sie hatten
das blaue gebucht
das meer
sie strandeten
in schneewehen
und sand
park spiel
alle uhren
abgelaufen
die sundbrücke
gesperrt
nur noch
möwen
und helikopter
fliegen
arme seelen
nach haus

seit tagen

dieses
feine weiße
rieseln
knochenmehl
was treiben sie
im siebten stock
haben engel
knochen
bricht man sie
uns ist so kalt
seit tagen

der fuchs braut

nebel
bis unter die
kehlen
der schwarzbunten
die kuhköpfigen
weiden
das schlachtvieh
trägt schleier
wie bräute

martinikonzert

für querflöte
computer
und piano

serviettenknödel
und zweierlei
von der gans

mit biss
und ohne

fußnoten

leergefegte
notenständer
windgeschriebene
partitur
für thermostiefel

pension

dass es die noch gibt
und die wolkenschüttelnde
alte aus dem kinderbuch
alles wird
gut und böse
enden
zur rechten zeit
fällt schnee
und wir
träumen ja nur
dass wir schlafen
und betten schütteln
damit es schneit
und alles verweht

promenadenbank

sie ist die letzte
in der reihe
der lackweißen
und blättert ab
besetzt den
außenposten
das ende des
zivilisierten wegs
angrenzend schon
wildes camperland
sie schaut
wie alle aufs meer
sie wartet wie alle
promenadenbänke
auf flaneure
in weißen
leinenschuhen
und gestreiften
sommeranzügen
sie ist begehrt
unbeleuchtet
und immer noch
stabil

wedendorfer gedichte

1 schwarze musen

von diabolos
gnaden herrscher
von schmerz und
schwarz beladen
mit gesang
hab ich euch
eingelassen
seid ihr geladen
zu welcher feier
hier findet
nichts statt
ich mach ein
päuschen
ein restchen
leben
ich wünsche
weder herzklopfen
noch beben

2 sofabild

mit wedendorfer
schlossschwänen

zarte empirie

die verwunschenen
königskinder vereint

mit verschlungenen
hälsen und schnee

weißem gefieder
unzertrennlich

das wundersame
doppel

3 das andere ufer

in gelbe
taubnessel
getaucht
weiden mit
nassen füßen
immer wieder
wird etwas flügge
im schilf
fliegt davon
kehrt heim
und sieht
gelbe staubnessel
das andere ufer
weiden mit
nassen füßen
den wartenden
engel im schilf

4 die stunde
der unsichtbaren

hunde
heulen
wie wölfe
noch kein mond
abendsegler
fliegen
noch nicht nacht
bubblegumblasen
steigen
noch immer
unruhe
im kinderzimmer
teich
summen stechen
saugen
wir speisen
vampire

5 das seerosenfest

das herrscherpaar
zeigt wieder präsenz
langhalsig
in elegantem weiß
flügelschlagend
defiliert
das wasservolk
das geschwader
in eindrucksvoller
formation
ein abwässerchen
schäumt und speist
den gemischten chor
im sumpf
schöne alt stimmen
und andere
begrüßen
die heimkehrende

6 rosshaar gebürstet

dieser ohrensessel
hat es in sich
stimmen schweiß
schlaf den kleinen
seit generationen
arbeitet er
undercover
wechselt fell
farbe in seinen
plüschigen armen
hängt seele
mit kopfhörern
läuft unerhörtes
vom band
eine fülle von dingen
und bezügen
da kennt er sich aus
rosé war die
zweite blüte
dann winterlich
karpfenblau
mit großen ohren
ist er noch immer dabei

7 anna brennt
(carlow anno 1667)

eine im märz
zwei im juley
bereits

im jänner
das böse omen
kopflose hühner

die kuh steht
trocken im mai
wechselbälger

geknickte blüten
erfrorene lieb
so arg

wie sie es treiben
die eisheiligen
die schafskälte

kein wunder
schwarze kunst
überall zeichen

katzen käuze kröten
schlüpfen
aus der nachbarin mund

es tanzen
die buhlen viel volk
auf pelzigen socken

es schlägt
das glöckchen
es schlägt

die siebenschwänzige
viel nackte haut
gezeichnet

das muttermal
das leuchtend rote
und das flammend

rote haar
meiner ahnfrau
die blutspur

zu mir

8 weiße hirsche
schwarze schwäne

trauzeugen
für jeden neuen bund
im schloss
bis dass
der tod
oder
sein vorläufer
die geschichte
beendet

meist nachts

im hof des mondes

was keine ruhe gibt
traumhaft
was ich mit schleppe
lebenslänglich
längst gerichtet und
abgehängt
vor allem die
märtyrer nerven
mit alten
geschichten
ich kann nicht
eingreifen
widersprechen
nicht einmal
weglaufen
so verkettet
und verhakt
mit diesem
blassen gesindel
kalter schweiß
alles schwindel
bis es tagt

die nacht

das einäugige tier
folgt dem
blutgeruch
schnappt sich
den tag
trägt ihn
im maul
immer heller
das auge
immer tiefer
nacht
sie spricht
mit wind und
käuzchenstimme
sie jagt
fliegenden wolken nach
sie öffnet und schließt
das auge
der alp
bespringt die seinen
blind

1 macbeths hexen

ich tu's ich tu's ich tu's
gib mir den wind
dreimal drei
neunmal neun
ich bin dabei
die erste
aus dem ersten
akt ich bin
wer auch immer
aus mir spricht
die zweimal
gesprochene
wahrheit

2 wir treffen uns

nicht auf dem berg
nicht vor den pforten
nicht in der schottischen heide
ich meide die klassischen orte
ich leide keine einsamkeit
ich liebe wüstenstädte stimmen
sand paläste schleier
goldene untergänge
ich sauge der mutter erde
schwarzes blut
ich bin ein sohn der wüste
sie war mein sandkasten
sie ist meine spielwiese
hier versuchte ich ihn
hier treffen wir uns
und lassen uns verwöhnen
die drei aus der heide
sind im anflug viele irrlichter
dichter selbst die alten damen
wagen den nachtflug
und wie immer
viel prominenz
ich fliege mit großem stab
und familie
und freue mich
auf ein wiedersehen

mit verbindlichen grüßen
an die lady
ihr allzeit ergebener

3 sprechen wir nicht von geschäften

wir hacken holz
im regenwald
wir gießen öl
auf jedes feuer
wir zocken

sprechen wir von herzensdingen
starb niemand an der liebe
die vernunft gebiert ungeheuer
will niemand ins feuer
das ganze leidige glück

viele

namenlose
streuner
auch dreifarbige
und nachbars paul
grau von adeligen
minkas kaum zu
unterscheiden
was bei vollmond
die nächtlichen
schnupperkurse
besucht
nasen ohren augen
stecken ab
selbst die kastraten
markieren
den schnee

special guests

okkupieren
meinen schlaf
als hätten sie
gewicht
treiben es bunt
als sei ich dabei
wenn sie meinen
selbstgebrauten
entkorken

die hufen des grafen von klenau

1 tafelrunde

platz
für hirsch und co
gehörntes geflügeltes
für pfoten kriecher
schwanz und
ausgezeichnete
löffelträger
für sterne
im geäst
die tafel
angerichtet
in bemoosten
gummireifen
pilze auf blattsalat
möhrchen in streifen
wilde pflaumen
sprösslinge in emaille
geeiste vogelbeeren
schnee für götter
speise und ein bett
in der lichtung
noch warm
hier lagen
liebende
ihr fell
hängt noch
in den dornen

2 maria von k

sie war die letzte
in diesem nest
ohne wasser
anschluss
strom
nur der mond
das sparlicht
im netz
und der draht
esel im stall
sie hatte sechs
kinder von sechs
verschiedenen
männern
sie hatte keinen
und die sechs
keinen vater
und alle
sehnten sich
nach einem
fernseher
aus der neuen
welt

3 klenau

im schilf
vergessen
von allen
institutionen
selbst charon
verschlief
die zeit
jetzt sitzt er
auf dem trocknen
und seine seelen
flohen
ins nächste leben
ans andere ufer
drei katen weiter
kommt die post
noch regelmäßig

4 wie der wind

in leere pedalen trat
seine drehorgel spielte
wir hörten das totholz
stürzen wir sahen
steine weich und pelz
wesen mit grünem
haar wir fanden
kostbare beute
schreine
barbiepuppen
beine
aus der ersten
generation
artefakte
ein brillengestell
eine flasche
mit giftgrünem flacon
tosca
eine ganze welt

für ingrid

das tagesgericht

das tagesgericht

immer schön
diät halten
nur nicht zu fett
zu dick auftragen
aus dem übervollen
weder schmand
noch schmelz
auf der zunge
zergehen lassen
sportlich nehmen
das schmerzliche
versagen vielleicht
in riesling
die schönen tiere
aus der tiefe
wir nehmen
das tagesgedicht
den dorsch
von der karte

in den niederungen

wickeln wir
schillerlocken
in zeitungspapier
verspeisen
matjes nach
hausfrauenart
halbstündlich
schlägt die glocke
die schnitzel der
witwe charlotte
sind unbekannt
doch mit den
wienern gehen wir
über den tellerrand

lesereise

durchs ewig schäumende
zwischen wyk und nebel
wörter fischschwänzige
seltsame promenadenmischungen
im friesennerz gehen sie
unter die leute später
über kopfsteinpflaster
in die *alte druckerei*

für björn

joggen

das lichte grün
sagt werden
das stille wasser
steht kein grund
zur klage ich laufe
meine zeit
schon wieder frühling

saure wiesen

hier grast
die wiederkäuende
erinnerung
mit jedem bissen
bekömmlicher

viele mäuler

kann man sich
nach sternen bücken

will man das
mit rundem rücken

füllt das unkraut
nicht die lücken

sternentau und
taube nessel

will man noch
den traum

als fessel
ist die liebe eingefahren

längst schon winter
futter füttert

entwürfe

selbst
der verworfene
aus der frühen phase
eine bereicherung
im vergleich
zum angelebten
goldenen schnitt
mit ausgebreiteten armen
die übergänge
fließend
der schritt
aus der mitte
an den rand
des bildes
weißes leinen
grundiert
für nachtblaue
schatten

schmuggelware

ein bisschen verrutscht
aber sicher vorbei
am service
die alten
fotos im kopf
unter und überbelichtet
zuweilen
gestochen scharf
nylons mit naht
schöne puppen
alte hüte
so viel trümmer
geräumt
und kein ende
so viel unerledigte
post

handarbeit

blind gestrickt
die mausgrauen
schicksalshemden
für jedermann
von den parzen
aus den billigländern
das bisschen mehr
oder weniger
an schicksal
ist schon
design
und teuer bezahlt

ich denke an einstein

bienen
schon wieder
verflogen
drei verendet
im bücherstaub
mehrere arbeiterinnen
beim abräumen
des frühstücks
im freien
zwei relativ
beschwingt
im proseccoglas
eine auf dem weg
noch sind sie bei uns mit
ihrem unnatürlichem ende
noch haben sie uns
nicht verlassen

für reiner

engel abflug

am geirangerfjord

sieben schwestern
ein freier
ein brautschleier
was soll das werden

eine liebe
aus schwindel
erregender höhe
in schluchzende
tiefe stürzen
die schwestern
in den eiskalten
den schönsten
aller wasserarme

was sind das
für wilde wasser
spiele wer spielt
mit wem wer wird
erhört wer trägt
den schleier

er teilte den felsen
mit großer kraft
er sammelt sehnsucht
nach liebe für sein echo
er wäscht den schönen

das haar er trägt die
sieben wie schaum
auf den lippen
er nimmt
ihre herzen mit
ins offene meer

so singt

die jüngste
so singt
die unerhörte
liebe
ein felsen
hoffnung
dem himmel
so nah und
dem tiefsten
grund
sie singt
für den liebsten
kämmt sie
das haar
binde mich
binde dich
mich bindet nichts
sie sinkt

und singt
ich habe
sechs schwestern
die haben
ein herz
aus eis
und wer
es schmelzt
den reißt es
in die tiefe
und ihre
brautschleier
fliegen

touristen
im nördlichsten nest

ich dachte
wir hätten gezahlt
für das fest
für mummenschanz
und folklore
für rothaarige trolle
und allerlei
humunculi
kratzende wolle
gelockte pudel
mützen mit ohren
seltsames volk
nixen fürs foto
rüstige nereiden
elmsfeuer und
tanzende bären
und zwischen
den scheren
ein springender
umschlagender
wind
unser schiff
auf und davon

als sie

die ersten gedichte
lasen und mit ihnen
die liebe lasen
wie ein gedicht
zu schön zu tode
erschrocken
und vom tod
entdeckt

für klaus

1 nixen

in schöne steiger
geschlüpft
animalprint
schlange
kroko
salamander
türkis
blut
von stufe zu stufe
jeder schritt ein wunder
kaum zu glauben
dass das geht
klaglos
in spanischen stiefeln

2 ich singe

im klosterteich
im reich
der unerlösten
froschkönige
ich tauche auf
mit kleinen ringen
dieser luftigen idee
von handschellen
du siehst
ich spiele mit dir
und der zeit
und tauche ab
und nehme mit
goldene kugeln

3 landgang

meine schwestern
wie sie schaukeln
in fremden häuten
und wedeln
mit fremden federn
noch immer unentschieden
öffnen und schließen sie
ihre fischmäuler
als könnten sie sprechen

4 von den lippen lesen

als sprächen wir
mit einer zunge
als könnte sie
uns lesen
mit der zunge

für den falkner

über der beute
erblinden
und fliegen
mit schneeweißer
halsfeder

nicht immer

hand in hand
nicht immer
fuß bei fuß
nur kleine
unsichtbare
wärmepolster
zwischen
mir und dir
genug luft
und lust
zu lieben

für reiner

tango für elisabeth

sie trägt ihre
flügelschuhe
violett
die nacht
im kleid
sie legt
den kopf
in den nacken
zitronen
in die leere mitte
ihres bildes
sie zeigt
ihre schönen beine
den schatten
die schritte
es ist zeit

† 23. februar 2008

noch winterfest

nur schwarzgeflügeltes
im giebel und wind
beugt die knöchernen
am graben zögerlich
schlüpft die zeit
in grüne sandalen
hüllt sich in milchige
schleier erste sonnen
strahlen im hof
weben die brüder
kostbare verduren
fertigen im lichtsatz
kunstwerke
in stein und stille

für herwig g.

blind date

es muss ja nicht
gleich sein
nicht hier sein
zwischen tür und
engel abflug
und ankunft
in zugigen höfen
es könnte
im sommer sein
wenn man
den schatten liebt
es wird keine
liebe sein
jedenfalls keine
fürs leben

Inhalt

FSC
Mix
Produktgruppe aus vorbildlich
bewirtschafteten Wäldern und
anderen kontrollierten Herkünften
Zert.-Nr. GFA-COC-001262
www.fsc.org
© 1996 Forest Stewardship Council

Verlagsgruppe Random House FSC-DEU-0100
Das für dieses Buch verwendete FSC-zertifizierte
Papier *EOS* liefert Salzer, St. Pölten.

1. Auflage

Gestaltung und Satz: DVA / Brigitte Müller
Gesetzt aus der Meridien
Druck und Bindung: Friedrich Pustet, Regensburg
Printed in Germany
ISBN 978-3-421-04485-3

www.dva.de

Doris Runge bei DVA

www.dva.de

jagdlied
Gedichte
80 Seiten, Hardcover
ISBN 978-3-421-06278-9

trittfeste schatten
Gedichte
80 Seiten, Hardcover
ISBN 978-3-421-05267-4

Welch ein Weib!
Mädchen- und Frauengestalten
bei Thomas Mann
160 Seiten, Hardcover
ISBN 978-3-421-05148-6

du also
Gedichte
64 Seiten, Hardcover
ISBN 978-3-421-05693-1

die dreizehnte
Gedichte
96 Seiten, Hardcover
ISBN 978-3-421-04274-3